Lernschublade FESTE IM JAHR

25 kreative Angebote für Kita-Kinder:
zum Selbermachen, Spielen und Lernen

Praxisreihe Kindergarten

Inhaltsverzeichnis

Kapitel 4 Winter, Nikolaus, Weihnachten und Fasching

Kopiervorlagen

Vorwort

Feste zu feiern ist ein fester Bestandteil in der Jahresplanung von Kindertageseinrichtungen. Die Feierlichkeiten durchbrechen den Kita- oder Krippenalltag und die Kinder entwickeln neben der Vorfreude auch ein erstes Zeitempfinden. Sie eignen sich durch diese Ankerpunkte im Jahr zeitliche Begriffe an. In diesem Lernschubladenheft werden die gängigsten Feste im Jahresverlauf aufgegriffen und thematisiert. Von Ostern und der Ostereiersuche über Geburtstagsfeiern, Sommerfeste und das Erntedankfest bis hin zu Sankt Martin, Halloween, Nikolaus und natürlich Weihnachten. Aber auch Fasching oder Karneval, die Zeit des Verkleidens und Lustigseins, soll nicht zu kurz kommen.

Kinder lernen auf vielfältige Weise: durch Nachahmen, Erproben, Experimentieren, Vergleichen, durch das Wiederholen sowie durch Nachfragen und die eigene selbstständige Antwortsuche. Dies fördern und forden die Lernschubladen. Mit ihnen haben die Kinder die Möglichkeit, sich auch einmal zurückzuziehen und das Thema allein und ruhig weiterzuverfolgen, indem sie nach Lust und Laune eine Lernschublade herausnehmen und bespielen.

Aber auch Sie als pädagogische Fachkraft können sich vorab zu den Schubladen Fragen stellen, zum Beispiel welches Fest Ihnen in der Einrichtung wichtig ist, wie es hier traditionell gefeiert wird und was die Kinder dabei an Eindrücken und Erfahrungen mitnehmen. Mit diesem Heft haben Sie die Möglichkeit, die Feste im Jahr für die Kinder noch erlebbarer zu machen. Gerade mit kleinen, bunten Ideen lässt sich das Interesse der Kinder wecken und sie werden motiviert, etwas eigenständig zu tun und zu schaffen.

Die Lernschubladen unterstützen zudem die Lust der Kinder am Spielen, Rätseln und Zuordnen. Ihre enthaltenen Spiele sind eine Einladung zum Entdecken, ein Impuls zum Forschen und – ganz wichtig – zum selbstbestimmten Lernen.

Vielleicht möchten die Kinder die Schubladen auch gern für ein Tischrollenspiel nutzen. Bei der Erprobung der Schubladen in der Praxis sprachen die Kinder vor allem Ideen wie „Ich geh mit meiner Laterne“ und „Die kleinen Hexen“ an, die sie gern im Rollenspiel vertieften. Bei ihrem Spiel wurden die Hexen zu einer bekannten Comicfigur, die manches Abenteuer erlebt oder die Kinder sangen Martinslieder, während sie die Laternenkinder mit ihren Laternen versahen. Die Lernschubladen nehmen deshalb auch einen hohen Stellenwert in der Sprachförderung ein.

Gleichzeitig sind die Spielschubladen eine kostengünstige Anschaffung und wenn Sie die Kinder bei der Herstellung mit einbeziehen, sind Ihre Schubladen umso interessanter.
Je nach Alter, kognitiven Fähigkeiten und Wissensstand Ihrer Kinder bietet es sich an, jede Lernschublade zunächst einzuführen und gemeinsam zu besprechen. Als Publikum für die Einführung einer solchen Schublade reicht oft eine Kleingruppe, da die Kinder dieser Gruppe gerne ihr schon erworbenes Wissen an andere interessierte Kinder weitergeben. So kann aus Ihren Lernschubladen ein Selbstläufer werden.
Learning by doing: Manche Inhalte der Schubladen sind allerdings auch selbsterklärend und die Kinder finden bei der Beschäftigung damit allein heraus, was und wie sie spielen und knobeln können. So ermöglichen Sie den Kindern ein autonomes Lernen ohne lange Erklärungen und kommen der kindlichen Neugier und Entdeckerfreude noch mehr entgegen.

Alle hier aufgeführten Spiele und Lernanregungen sind selbstverständlich in genau dieser Form in der Praxis getestet worden. Falls Sie die Lernschubladen im U3-Bereich einsetzen möchten, verwenden Sie bei den Gegenständen am besten Dinge, die nicht verschluckt werden können.
Aus eigener Erfahrung kann ich sagen, dass diese Lernschubladen nicht mehr aus unserem Gruppenraum wegzudenken sind. Sie werden immer wieder umgestaltet, neu bestückt und bleiben dadurch interessant. Auch die Kinder selbst sind inzwischen zu Erfindern von Lernschubladen geworden.
Einmal hergestellte Schubladen müssen auch nicht verloren gehen! Bei uns werden sie verstaut und zu einem späteren Zeitpunkt nach Interesse und Lust der Kinder wiederverwendet. Dadurch entsteht ein Fundus an Möglichkeiten, wie in einer Bücherei.
Und das Tolle daran ist: Mit den einzelnen Schubladen ermöglichen Sie es, dass die Kinder nicht nur mathematische Grunderfahrungen machen, auch andere Kompetenzbereiche wie die Feinmotorik und die Konzentration, die Ausdauer, die Beobachtungsgabe und das Alltagswissen trainieren die Kinder damit täglich selbst.

So arbeiten Sie mit diesem Heft

Dieses Heft bietet viele Ideen für Lernschubladen zum Thema „Feste im Jahr", die Sie individuell auswählen, kombinieren und einsetzen können. Die einzelnen Spielideen enthalten Altersangaben zur besseren Orientierung. Diese sind natürlich relativ und nur als Vorschlag zu verstehen. Niemand kennt Ihre Kinder so gut wie Sie und kann abschätzen, ob oder ab wann die Schubladen unter- bzw. überfordern.

Beachten Sie beim Einsatz dieser Schubladen: Sie sind keine Pflichtübung. Vielmehr sollten die Spielideen mit den Schubladen Spaß machen, eine Einladung sein, einen Impuls zum selbstbestimmten Lernen bieten und die Kinder kognitiv herausfordern.

Ich wünsche Ihnen viel Freude an der Herstellung, Ausgestaltung und beim Einsatz der Lernschubladen!

Die Kapitel dieses Heftes gliedern sich in folgende Grundelemente:

- **Sortieren und Klassifizieren:**
  Gegenstände anhand ihrer Eigenschaften wie Form, Farbe und Gebrauch einordnen und dazu logische Kategorien entwickeln
- **Muster und Formen:**
  Einfache geometrische Formen wie Kreis, Dreieck und Viereck kennenlernen, sie in logische Reihenfolgen bringen und in Mustern wiedererkennen
- **Zahlen, Zählen, Mengen und Ziffern:**
  Die Ziffern und ihre Zahlenwerte kennenlernen und erste Erfahrungen mit viel und wenig (Mengenlehre) machen
- **Logisches Denken und Konzentration:**
  Zusammenhänge erfassen, die Ausdauer trainieren und die Beobachtung schulen
- **Feinmotorik:**
  Durch Tätigkeiten wie Fädeln, Schneiden, Falten und Gestalten werden die Hand- und Fingergeschicklichkeit sowie die Auge-Hand-Koordination trainiert.

Der Schubladenturm: So stellen Sie Ihre Grundausstattung schnell selbst her

1. Wenn Sie die Spiele und Lernanregungen aus diesem Heft als Lernschubladen anbieten möchten, beginnen Sie mit der **Anschaffung eines Schubladenturms** aus Karton. Diese werden im Handel mit je drei oder vier Schubladen angeboten. Die Schubladen sind meist etwas größer als DIN A4 (27 × 31 × 8 cm).

2. Die vielen Vorlagen in diesem Buch helfen Ihnen, **die Schubladen zu bestücken** (Sie müssen diese nur noch auf die richtige Größe kopieren). Das geforderte Material ist zumeist in Ihrer Einrichtung vorhanden. So können Sie mit sehr wenig Zeitaufwand gemeinsam mit den Kindern immer neue Schubladen erfinden. Beobachten Sie, wie groß das Interesse der Kinder an den einzelnen Schubladen ist. Verlieren Ihre Kinder das Interesse an einer Schublade, ist es an der Zeit, sie auszutauschen. Bewahren Sie sie auf, so steht sie für einen späteren Einsatz wieder bereit.

3. Beziehen Sie bei der Herstellung die Kinder mit ein, so steigt bei ihnen die Motivation, sich später mit dem Angebot zu befassen. Genauso kann eine **Einführung** wichtig sein, in der Sie gemeinsam die jeweilige Aufgabe der Schublade und die Gegenstände, die darin vorkommen, besprechen können. Sie können aber auch so vorgehen, dass Sie wenig oder nichts besprechen und die Kinder selbst herausfinden lassen, was genau hier gefordert ist.
   Erörtern Sie den Inhalt und den Verwendungszweck des Spiels/der Lernanregung nur so weit, dass die Kinder nicht das Interesse daran verlieren, und nur so tiefgehend wie nötig. Dies kann in der Kleingruppe oder im Morgenkreis geschehen und je nachdem, wie stark die Kinder am Entwicklungsprozess der Schublade beteiligt waren.

4. Praktischerweise passt jede Anregung genau in eine Schublade. Dazu gestalten Sie **jeweils einen DIN-A4-Bogen Tonkarton als Unterlage**, der genau in Ihre Schublade im Schubladenturm passen sollte (dabei die Höhe beachten, damit die Kinder die Schublade bequem aufziehen und einschieben können!). Mithilfe des Tonkartons ist es leichter, einen Spielaufbau komplett aus einer Schublade herauszuheben, und, wenn nötig, beispielsweise auf einem Tisch abzustellen.

5. **Laminieren** Sie die Einzelteile, soweit es geht, ein, so werden die Formen, Figuren und Gegenstände aus Papier langlebiger. Das Laminieren wird in der Herstellung im Buch nicht mehr an jeder Stelle ausdrücklich erwähnt, ist aber zumeist notwendig bzw. hilfreich. Wenn Sie laminieren, können Sie den Tonkarton für die Herstellung von Spielfiguren natürlich auch durch Papier ersetzen. Fixieren Sie zudem die meisten Einzelteile mit Heißkleber.

6. Um **Ordnung** in der Schublade zu halten, werden Schachteln zur Aufbewahrung von Kleinteilen gefaltet. Die Anleitung dazu finden Sie auf den folgenden Seiten.

Das Innenleben

Anleitung für die „Ordnung-in-der-Schublade-Schachteln"
Diese schnell selbst gefalteten Schachteln sorgen für Ordnung in Ihren Lernschubladen. Mit dieser Schritt-für-Schritt-Anleitung können Sie immer wieder passende Schubladen in verschiedenen Größen herstellen. Falls Sie keine Lust zum Falten haben, können Sie auch gekaufte Pappschachteln, kleine Kartons von Umverpackungen, beispielsweise von Schmuck oder Uhren, verwenden.

➡ **Schritt 1:** Für eine Schachtel benötigen Sie ein quadratisches Stück festes Papier, beispielsweise aus einem DIN-A4-Bogen abgeschnitten.

➡ **Schritt 2:** Das Papier einmal diagonal falten. Wiederholen Sie diesen Faltschritt mit der anderen Seite, sodass sich die Faltlinien kreuzen. Falten Sie nun alle Ecken zum Mittelpunkt. Ihr Papier sieht nun so aus:

➡ **Schritt 3:** Jetzt die obere und untere Kante/Seite zum Mittelpunkt falten und wieder zurück. Die Arbeit drehen und mit den zwei anderen Kanten/Seiten wiederholen, sodass Sie diese Form vor sich haben:

Schritt 4: Falten Sie das Blatt nun komplett wieder auf: Schneiden Sie das Papier jetzt viermal ein. Jeweils an zwei gegenüberliegenden Seiten, bis zum mittleren Quadrat.

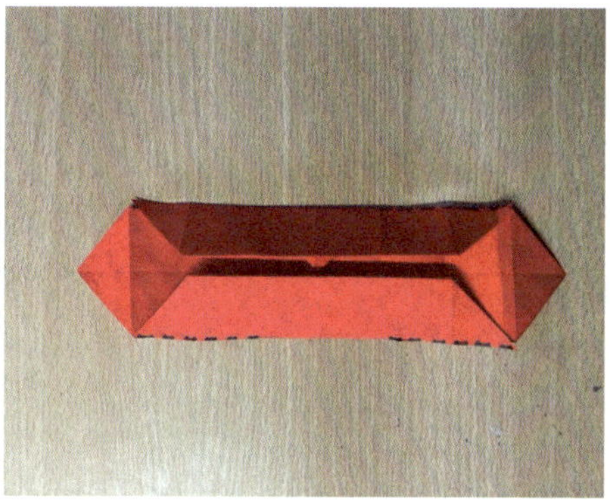

Schritt 5: Die beiden großen Seitenteile (auf dem Foto oben links) an der Faltlinie des mittleren Quadrats nach innen falten (siehe Foto oben rechts). Alle vier Spitzen nach innen falten, sodass Sie diese schon fast fertige Schachtel erhalten:

Schritt 6: Jetzt nur noch die beiden gegenüberliegenden Seiten über die Seitenteile klappen und die Schachtel ist fertig.

Kapitel 1

Frühling, Ostern und Geburtstage

Mit dem Frühling erwacht die Natur zu neuem Leben. Die Kinder erfahren, wie die Welt vor der Kita-Tür wieder bunt wird. Auch Ostern lockt nun die Kinder ins Freie zur Ostereiersuche. In diesem Kapitel finden Sie Lernschubladen, die auf den Frühling und das Osterfest abgestimmt sind – und als besondere Zugabe Ideen, die Geburtstage aufgreifen.

1 Ostereier sortieren

Der Osterhase braucht dringend die Hilfe der Kinder: Ob sie die Ostereier passend in die Eierkartons sortieren können? Hier können die Kinder ihre visuelle Wahrnehmung trainieren – und ihr Wissen über Farben.

Alter ab 3 Jahren

Ziele Farbenlehre, Zuordnen, Wiedererkennen, Konzentration, Feinmotorik

Material Kopiervorlage „Eier", Eierkarton für zehn Eier, zehn Styroporeier oder -kugeln, zehn verschiedene Fingerfarben, zu den Fingerfarben passende Farbstifte, Pinsel, Schere, Kleber

Herstellung

Kopieren Sie die Vorlage für die Eierschilder mindestens dreimal. Bemalen Sie dann jedes Ei in einer anderen Farbe, dabei können die Kinder mithelfen.
Nach dem Trocknen der Eier bestücken die Kinder den Eierkarton mit ihnen als Trockenübung. Mit den Farbstiften können Sie oder ein Kind das „Farbmuster" auf die Vorlage übertragen. Dann wieder neu die Eier im Eierkarton mischen und eine neue Vorlage entsprechend bemalen. Diesen Vorgang können Sie so oft wiederholen, wie Sie Vorlagen gestalten möchten.
Nennen Sie oder die Kinder dabei immer wieder die Farben der Eier, damit die Kinder sie sich gut einprägen können.

Einführung: Selbstständig spielen und entdecken

Betrachten Sie mit den Kindern die Schublade. Falls die Kinder nicht beim Herstellen geholfen haben, müssen sie erst überlegen, welche Aufgabe hier auf sie wartet. Sie werden schnell herausfinden, dass sie den ausgemalten Eiervorlagen entsprechend die Eier in den Eierkarton setzen sollen. Hier ist genaues Hinschauen gefragt, denn jedes Ei soll zum Schluss am richtigen Platz sein.

2 Hasenfreunde

Eine Schau-genau-Aufgabe für die Kinder: Können sie den Hasen helfen, ihre (gleichen) Partner zu finden? Aber Achtung: Manchmal kommt es auf Nuancen an, beispielsweise auf die Karotten. Hier müssen die Kinder gut aufpassen.

Alter ab 2 Jahren

Ziele Vergleichen, logisches Zuordnen, Erkennen von Gemeinsamkeiten und Unterschieden, Konzentration

Material Kopiervorlage „Hasenfreunde“, Farbstifte, Schere, Kleber, grüner Tonkarton, Tonkarten (Unterlage)

Herstellung

Kopieren Sie die Vorlage der Hasen in einer geraden Anzahl, aber mindestens zwölfmal. Bitten Sie die Kinder, immer zwei Hasen gleich auszumalen. Es sollten auf diese Weise also mindestens sechs gleiche Hasenpaare entstehen. Schneiden Sie die Hasen aus und kleben Sie sie auf den grünen Tonkarton, der vorher zu 12 × 8 cm großen Karten zugeschnitten wurde.

Einführung: Selbstständig spielen und entdecken

Legen Sie von jedem Hasenpaar nur einen Hasen aus. Nun legen Sie zu einem Hasen den dazugehörigen Freund dazu. Können die Kinder die restlichen Hasen richtig zuordnen, sodass sich die Hasenfreunde wiederfinden?

3 Eier im Nest

Um Ziffern, Zahlen und Zählenkönnen geht es in dieser Oster-Schublade. Hier besuchen die Kinder die Hennen und ihre Nester. Ob sie jedem Nest die richtige Anzahl von Eiern zuordnen können?

Alter ab 4 Jahren

Ziele Wissen über Zahlen und Ziffern, Zählen, visuelle Wahrnehmung, Auge-Hand-Koordination, Feinmotorik

Material Kopiervorlage „Huhn", Farbstifte, Schere, Kleber, acht Flaschendeckel (Saft), dicker Karton, weißes, braunes und grünes Papier, Cuttermesser (Erzieherhände)

Herstellung

Kopieren Sie die Vorlage „Huhn" achtmal auf weißes Papier und malen Sie die Hühner bunt aus. Schneiden Sie sie so aus, dass ein Kreis in der Größe der Flaschendeckel um sie herum bleibt, und kleben Sie die Hühner in ihren Kreisen auf die obere Seite der Flaschendeckel. Für den Korb zeichnen Sie einfach acht Halbkreise mit einem Durchmesser von ca. 7 cm auf braunes Papier und schneiden sie aus. Aus dickem Karton fertigen Sie nun 16 Karten an (Mindestgröße 8 × 15 cm). Bekleben Sie acht dieser Karten mit grünem Papier (oder Sie bekleben den Karton zuerst mit grünem Papier und schneiden dann die Karten aus). Mit dem Cuttermesser schneiden Sie im unteren Bereich der grünen Karten ein kreisrundes Loch in der Größe des Flaschendeckels hinein. Diese Arbeit sollten Sie wegen der Verletzungsgefahr mit dem Cuttermesser am besten selbst übernehmen. Kleben Sie jetzt hinter jede grün beklebte Karte noch ein Kartonkärtchen, damit die Flaschendeckel nicht durch die Löcher fallen. Im oberen Bereich der Karten kleben Sie jetzt die Körbe auf. Dann nur noch aus weißem Papier Eier ausschneiden und in die Körbe legen (über den Körben aufkleben). Für den ersten Korb ein Ei, für den zweiten zwei Eier usw. Für die Aufbewahrung der Eierdeckel/Hühner falten Sie eine Schachtel.
Bei der Herstellung können Sie die Kinder mit einbeziehen, um die Hühner zu bemalen oder die Eier auszuschneiden.

Einführung: Selbstständig spielen und entdecken

Zeigen Sie den Kindern die Kärtchen mit den Nestern und erläutern, dass jedes Huhn gerne zu seinem Nest möchte. Die Kinder können nun die Eier in den Nestern zählen und die Hühner entsprechend der aufgezeichneten Ziffer unter das Nest mit derselben Anzahl von Eiern stecken.

4 Geburtstagsmuffins

Was wäre ein Geburtstag ohne Kerzen? Für jedes Lebensjahr werden hier die Muffins mit Kerzen bestückt. Wie viele Kerzen es sein sollen, sehen die Kinder auf der Muffinform.

Alter ab 4 Jahren

Ziele Wissen über Zahlen und Mengen, Zählen, visuelle Wahrnehmung, Auge-Hand-Koordination, Feinmotorik

Material Kopiervorlage „Muffin und Kerze", farbiger Fotokarton nach Wunsch für die Muffins und Kerzen, Schere, Kleber, weißes Papier oder kleine Blanko-Sticker, Farbstifte

Herstellung

Stellen Sie mit der Kopiervorlage sechs gleiche Muffins her. Auf weißes Papier oder kleine Sticker schreiben Sie die Zahlen von 1 bis 6 und kleben jeweils eine Zahl auf einen Muffin. Fertigen Sie mit der Vorlage 21 Kerzen an und falten für diese eine Schachtel. Die Kinder können die Farbauswahl bestimmen und beim Ausschneiden und Kleben mithelfen.

Einführung: Selbstständig spielen und entdecken

Legen Sie die Muffins auf den Tisch. Die Kinder werden sicher gleich erkennen, dass es Muffins sind, und auch die Ziffern sehen. Können die Kinder einige der Ziffern mit den Zahlennamen benennen und auch sagen, wie viele Kerzen dann auf den betreffenden Muffin „gesteckt" werden müssen? Nacheinander können die Kinder die kleinen Kuchen mit der richtigen Anzahl von Kerzen bestücken.

5 Geburtstagsparty

Was wäre eine Geburtstagsparty ohne Dekoration. Doch jedes Kind möchte bei seiner Party andersfarbige Luftballons und Fähnchen. Ob die Kinder die farbigen Wimpel und Luftballons farblich passend zuordnen können?

Alter ab 3 Jahren

Ziele Wissen über Formen und Farben, visuelle Wahrnehmung, Auge-Hand-Koordination, Feinmotorik

Material Kopiervorlage „Geburtstagsparty", Farbstifte, Filz in verschiedenen Farben, Schere, Kleber, Tonkartonreste, dreimal DIN-A4-Papier nach Wunschfarbe, Knöpfe, Pompons oder Chips für die Luftballons

Herstellung

Kopieren Sie die Vorlage „Geburtstagsparty" einmal und das Aufgabenschild (Schild mit sechs Wimpeln und drei Luftballons) mindesten dreimal. Bemalen Sie die Vorlage „Geburtstagsparty", indem Sie dabei die Fähnchen und Luftballons aussparen und weiß lassen. Schneiden Sie aus dem farbigen Filz nun mindesten sechs Fähnchen zu, verwenden Sie dafür mindestens zwei unterschiedliche Farben. Nun die Luftballons aus Tonkarton rund ausschneiden. Dabei sollten für die drei Luftballons ebenfalls mindestens zwei

verschiedene Farben verwendet werden. (Alternativ können Sie die Luftballons auch aus Pompons, Knöpfen oder Spielchips machen.)
Gemeinsam mit den Kindern gestalten Sie die Vorlagen. Die Kinder legen die Luftballons und die Fähnchen auf das Bild und schmücken so die Geburtstagsparty. Übertragen Sie dabei jedes gelegte Farbmuster auf ein Aufgabenschild, indem Sie es in den gleichen Farben anmalen. Dann dekorieren Sie mit den Kindern die Partydekoration um und können wieder eine neue Vorlage genauso bemalen. Diesen Vorgang können Sie sooft wiederholen, wie Sie Vorlagen gestalten wollen. Für die Fähnchen und die Luftballons falten Sie jeweils eine Schachtel.

Einführung: Selbstständig spielen und entdecken

Die Kinder schlüpfen hier in die Rolle des Dekorateurs. Sie dekorieren anhand der erstellten Aufgabenschilder die Geburtstagsparty, indem sie farblich entsprechende Wimpel und Luftballons in die weißen Felder legen. Dabei ist genaues Hinschauen gefragt, denn das Geburtstagskind möchte die Fähnchen und Luftballons genau wie auf der jeweiligen Vorlage haben.

6 Sitzordnung

Wer sitzt wo? Diese Frage taucht bei Festen oft auf. An diesem Tisch müssen die Kinder die Gäste farblich passend den Gedecken auf dem Tisch zuordnen.

Alter ab 4 Jahren

Ziele visuelle Wahrnehmung, Auge-Hand-Koordination, Feinmotorik, räumliches Denken, Farben erkennen

Material Vorlage „Sitzordnung", DIN-A4-Papier, sechs Verschlüsse von Milchtüten/Tetra-Pack, Schere, Kleber, Eierkarton für sechs Eier, Fingerfarbe, Pinsel, Tonkarten DIN-A4, Tonpapierreste, Filzstift

Herstellung

Für diese Schublade brauchen Sie sechs gleiche Drehverschlüsse von Milch- oder Safttüten, und zwar das Unterteil und auch den abdrehbaren Deckel, gut gereinigt. Entfernen Sie das Oberteil eines Eierkartons und bemalen oder bekleben diesen.
Kleben Sie den Eierkartondeckel mittig auf einen Bogen Tonkarton in Größe DIN A4. Ordnen Sie dann die Unterteile der Verschlüsse um den Eierkarton herum an und kleben sie dort fest. An den kurzen Seiten jeweils einen und an den langen Seiten zwei. Die Oberteile/Drehverschlussdeckel kleben Sie mit der Oberseite nach unten auf unterschiedlich bunte Tonkartonreste und schneiden sie aus. (Alternativ können Sie natürlich auch einfach verschiedenfarbige Drehverschlüsse nehmen.) Der Karton sollte dabei nicht zu sehr über den Deckel hinausragen, sonst haben die Kinder später Schwierigkeiten beim Aufschrauben.

Auf jeden nun farbig beklebten Deckel malen Sie ein Smiley-Gesicht auf. Legen Sie dann alle Deckeloberteile mit Gesichtern in eine gefaltete Schachtel.
Nun kopieren Sie die Vorlage „Sitzordnung" mindestens dreimal, dann gestalten Sie gemeinsam mit den Kindern die Aufgabenschilder. Dazu schrauben die Kinder die Deckelgesichter auf die Deckelunterteile auf dem Tonkarton und übertragen das Farbenmuster auf die Vorlage. Dann wieder die Deckel umsortieren und eine neue Vorlage genauso bemalen. Diesen Vorgang können Sie sooft wiederholen, wie Sie Vorlagen gestalten wollen.

Einführung: Selbstständig spielen und entdecken

Bei einer Geburtstagsparty hat sich der Gastgeber überlegt, dass es eine Sitzordnung am Tisch geben soll. Jeder muss an einem bestimmten Platz sitzen. Der Eierkarton nimmt die Rolle des Tisches ein, die Unterteile der Tetra-Pack-Deckel sind die Stühle. Legen Sie ein Aufgabenkärtchen auf den Eierkarton. So wie auf der Vorlage angemalt, sollen nun die „Deckel" sitzen, also platziert werden.

Kapitel 2

Sommerfest und Erntedank

Das Sommerfest in der Einrichtung ist für die Kinder immer etwas ganz Besonderes, denn hier können sie als Expert*innen ihren Familien die Kita zeigen oder auf der Bühne etwas vorführen. Die Eindrücke und Vorbereitungen des Sommerfests greifen die Ideen im Sommerkapitel auf. Außerdem finden Sie hier auch Schubladenideen für die Erntezeit und ihre Feste.

7 Sitzplatzrätsel

Bei einem Fest braucht es eine genaue Planung der Sitzplätze, das heißt einen Stuhl für jeden Gast. Mit den Rätselaufgaben in dieser Schublade können die Kinder erste mathematische Grunderfahrungen machen und knobeln, welche Zuordnungen die Stühle richtig an die Gäste verteilen.

Alter ab 5 Jahren

Ziele Wissen über Zahlen, Zählen, visuelle Wahrnehmung

Material Kopiervorlagen „Stühle" und „Gäste", Tonkarton nach Wunschfarbe, Farbstifte, Schere, Kleber

Herstellung

Kopieren Sie die Vorlagen „Stühle" und „Gäste" und schneiden alles einzeln aus. Gemeinsam mit den Kindern bemalen Sie die Stühle und die Gäste bunt. Kleben Sie die Stühle auf Tonkartonrechtecke (ca. 22 × 7 cm groß).

Einführung: Selbstständig spielen und entdecken

Beim Sommerfest braucht jeder Gast einen Sitzplatz. Was ist also zu beachten? Ganz einfach, wenn ich einen Stuhl habe, kann ich nur einen Gast einladen. Legen Sie das Kärtchen mit einem Stuhl vor die Kinder und die Kinder suchen das Bild mit nur einem Gast. Verfahren Sie mit allen weiteren Stuhlkarten genauso, bis alle „Gastkärtchen" verteilt sind, und legen Sie immer die Stuhlreihen über die Reihen mit den Gästen in der gleichen Anzahl, wie auf den Fotos zu sehen.
Wenn die Kinder die Lernschublade für sich alleine bearbeiten, braucht es eine Lösungskontrolle, anhand derer sie überprüfen können, ob sie alles richtig gemacht haben. Deshalb markieren Sie die zusammengehörigen Kärtchen mit einem gleichfarbigen Punkt auf ihren Rückseiten.

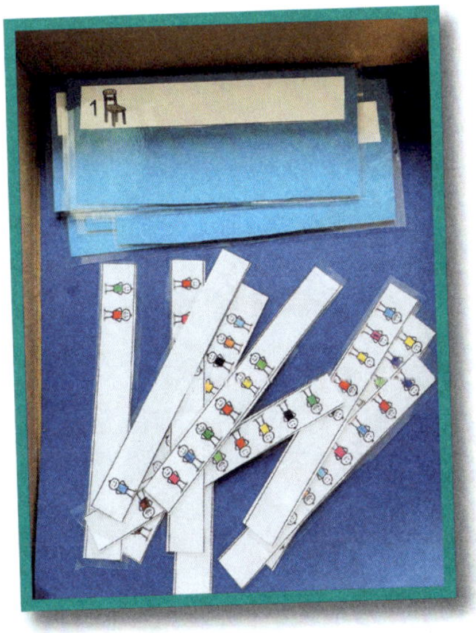

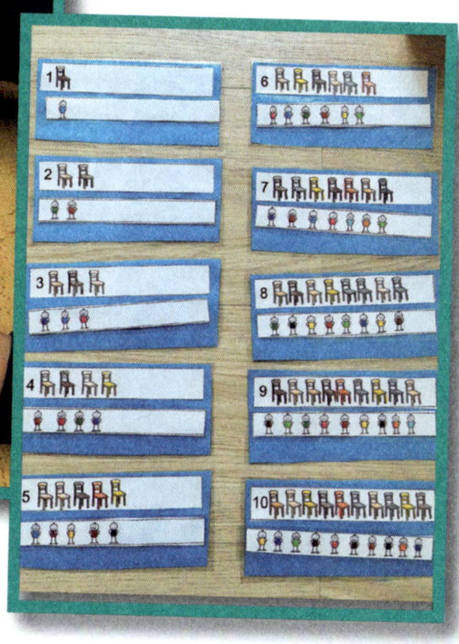

8 Sommerparty

Für diese Lernschublade brauchen die Kinder scharfe Augen. Denn sie haben gleich zwei Aufgaben: Gegenstände wiederfinden und die Fehler in den Bildkärtchen herausfinden. Gut für die Förderung von Konzentration und visueller Wahrnehmung.

Alter ab 4 Jahren

Ziele Vergleichen, Erkennen von Gemeinsamkeiten und Unterschieden, Zuordnen, Konzentration, Wahrnehmung

Material Kopiervorlage „Sommerfest", Farbstifte, Tonkarton in Blau und Rot, Schere, Kleber, Tonkarton (Unterlage)

Herstellung

Kopieren Sie die Vorlage „Sommerfest" und malen Sie alle Vorlagen gleich an. Dabei können die älteren Kinder helfen. Alternativ können Sie die Vorlage einmal anmalen und dann farbig kopieren. Für den Hintergrund der einzelnen Karten verwenden Sie die zwei Farben Rot und Blau wie auf den Fotos. Schneiden Sie dazu blaue Kärtchen für die einzelnen Gegenstände und rote Kärtchen für die Bildkarten aus. Sie sollten immer etwas größer sein als die Bildvorlagen, sodass ein Rand entsteht. Für die große Kopiervorlage „Sommerfest" verwenden Sie auch blauen Tonkarton, damit sie sich von den anderen unterscheidet. Kleben Sie die Bilder auf.

Einführung: Selbstständig spielen und entdecken

Zeigen Sie den Kindern das große Bild vom Sommerfest und besprechen Sie, was darauf zu sehen ist: eine Sommerparty. Dann legen Sie die blauen Kärtchen dazu und die Kinder erkennen Gegenstände wieder, die auf der großen Bildkarte zu sehen sind. Können die Kinder die Gegenstände auf der großen roten Vorlage erkennen, zeigen und benennen? Jetzt kommen nacheinander die roten Bildkarten ins Spiel. Die Kinder betrachten immer nur eine: Finden sie heraus, welcher Gegenstand dort fehlt? Dann legen die Kinder diesen zu der Karte und die nächste rote Bildkarte ist an der Reihe.

9 Der Erntedankkorb

Für Erntedank haben die Kinder hier die Aufgabe, das Obst und Gemüse nach Farben in passende Körbe zu sortieren. Aber welches Obst hat denn welche Farbe? Hier müssen die Kinder genau hinschauen – und sich schon ein bisschen mit Obst und Gemüse auskennen.

Alter ab 2 Jahren

Ziele Obst und Gemüse kennenlernen, Farbenlehre, Merkfähigkeit, Konzentration

Material Kopiervorlagen „Erntedankkorb“, weißer Tonkarton, Farbstifte, Schere, Kleber, Tonkarton (Unterlage), grünes Papier

Herstellung

Übertragen Sie die Vorlage vom Korb viermal auf weißen Tonkarton und kopieren Sie das Obst und Gemüse. Bemalen Sie mit den Kindern das Obst und Gemüse in den typischen Farben, das heißt die Kartoffel braun, den Kürbis orange usw., und schneiden alles aus. Den Korb bemalen die Kinder braun und das oben am Korb hängende Sortierschild einmal in Rot, Orange, Braun und Grün. Nun auch die Körbe ausschneiden. Für das Obst und Gemüse falten Sie eine Schachtel aus grünem Papier.

Einführung: Selbstständig spielen und entdecken

Betrachten und benennen Sie mit den Kindern die einzelnen Obst- und Gemüsesorten. Legen Sie die Körbe dazu und lassen Sie die Kinder nachdenken, welche Aufgabe hier an sie gestellt sein könnte. Die Kinder ordnen die Ernte den passenden Körben zu, das heißt das rote Gemüse kommt in den Korb mit dem roten Sortierschild usw.

10 Apfel- und Birnenernte

Große und kleine Äpfel oder große und kleine Birnen – bei der Ernte sollen die Äpfel und Birnen nach Größe sortiert werden. Ob die Kinder dabei helfen können?

Alter ab 3 Jahren

Ziele Farben- und Formenlehre, Unterscheiden, Zuordnen, Konzentration, Aufmerksamkeit

Material Kopiervorlage „Äpfel und Birnen", weißes Papier, grüner und roter Tonkarton, Schere, Kleber, stabiler Karton (Unterlage), Holzspieße oder Holzrührlöffel

Herstellung

Kopieren Sie die Vorlage für die Äpfel und Birnen (immer drei Früchte) jeweils einmal auf weißes Papier und übertragen Sie sie noch mindestens zweimal auf roten Tonkarton für die Äpfel und grünen Tonkarton für die Birnen. Dann formen Sie drei gleich große Rollen aus grünem und drei Rollen aus rotem Tonkarton. Achtung, die Rollen sollten möglichst nicht höher sein als die Schublade! Die Rollen schneiden Sie am unteren Ende etwa einen Zentimeter tief ein, sodass Sie die entstandenen Laschen nach innen biegen können. Den Karton, der als Unterlage dient, teilen Sie in zwei Hälften und bekleben eine Hälfte grün, die andere rot. Geben Sie Kleber auf die Laschen der Rollen und kleben diese mit etwas Abstand nebeneinander, die roten auf die rot beklebte Unterlage, die grünen auf die grüne Unterlage. Über jede Rolle kleben Sie eine weiße Vorlage von den unterschiedlich großen Äpfeln beziehungsweise Birnen. Die roten Äpfel und grünen Birnen können die Kinder ausschneiden und diese mit Kleber an den Holzstielen befestigen.

Einführung: Selbstständig spielen und entdecken

Betrachten Sie mit den Kindern zuerst die Äpfel und Birnen. Welche Unterschiede erkennen die Kinder? Es sind nicht nur die Farben Rot und Grün, die Äpfel und Birnen unterscheiden sich auch in der Größe. Die Kinder ordnen die Äpfel und Birnen den passenden Behältern zu und orientieren sich dabei an den weißen Vorlagen. Dann stecken sie jede Frucht am Stiel in die richtige Rolle.

11 Vom Korn in den Ähren

An Erntedank bedanken wir uns unter anderem auch für das Getreide, aus dem das Brot gemacht wird. In dieser Schublade wartet eine knifflige Geschicklichkeitsübung auf die Kinder: Mit Pinzetten legen Sie Körner in die Ähren.

Alter ab 3 Jahren

Ziele Feinmotorik, Auge-Hand-Koordination, Konzentration, Aufmerksamkeit

Material Für eine Ähre: elf Flaschendeckel, hellbraune Acrylfarbe, Pinsel, dicken Karton, Schere, Kleber, blaues und grünes Papier, elf gelbe Pompons, eine Zange

Herstellung

Bemalen Sie zuerst bei allen Flaschendeckeln das Innere und den Rand mit der hellbraunen Acrylfarbe. Die Deckeloberseite können Sie dabei aussparen, da die Deckel an ihr aufgeklebt werden. Verwenden Sie Acrylfarbe, da diese die Farben der Deckel sehr gut abdeckt. Schneiden Sie nun den dicken Karton auf eine Größe von ca. 30 × 12 cm zu und bekleben ihn mit dem blauen Papier. Aus dem grünen Papier schneiden Sie einen Stiel und ein Blatt aus. Die braun bemalten Deckel ordnen Sie nun wie eine Ähre an und kleben sie auf. Falten Sie eine Schachtel für die Pompons.

Einführung: Selbstständig spielen und entdecken

Laden Sie die Kinder dazu ein, die Schublade fertig zu basteln. Schauen Sie sich dazu, wenn möglich, einmal eine echte Weizenähre genauer an. Diese ist mit vielen Körnern bestückt. Nun zeigen Sie den Kindern die leere Ähre in der Schublade. Können sie schon erraten, was hier fehlt? Mit Pinzetten greifen die Kinder die Pompons aus der Schachtel und befüllen die Ähre mit ihren „Körnern".

Kapitel 3

Herbst, Halloween und Sankt Martin

Der Herbst hat zwei tolle Feste, auf die sich Ihre Kita-Kinder bestimmt in jedem Jahr wieder freuen: In diesem Kapitel finden Sie Lernschubladen-Ideen zu Halloween und zu Sankt Martin.

12 Wo ist meine Burg?

Alle Gespenster möchten in ihre Burg, doch oje, sie wissen gar nicht, welche ihre Burg ist! Wie gut, dass die Gespenster einen geheimen Code haben. Den sehen die Kinder aber erst, wenn sie sie anleuchten.

Alter ab 3 Jahren

Ziele Formen erkennen, Feinmotorik, Auge-Hand-Koordination, Konzentration

Material Kopiervorlage „Gespenst", weißes und graues Papier, Schere, Kleber, schwarzer Filzstift, kleine Taschenlampe, drei Zahnstocher

Herstellung

Übertragen Sie die Vorlage für die Gespenster 18-mal auf das weiße Papier und schneiden Sie die Gespenster aus. Neun Gespenster versehen Sie mit einem Gesicht. Drei weiteren malen Sie ein Dreieck auf den „Bauch", auf drei einen Kreis und die letzten drei bekommen ein Quadrat. Kleben Sie nun ein Gespenst mit Gesicht über das mit der gemalten Form. Die Form sollte jetzt nicht mehr zu erkennen sein. Falten Sie aus dem grauen Papier drei Schachteln. Diese können Sie als Burg ausgestalten, indem sie mit dem schwarzen Filzstift Steine und Zinnen aufmalen. Stellen Sie außerdem drei Burgfahnen aus weißem Papier her und malen auf die erste ein Dreieck, auf die zweite einen Kreis und auf die letzte ein Quadrat. Kleben Sie die Fähnchen an einen Zahnstocher und befestigen diese an je einer „Burg". Legen Sie die Taschenlampe bereit.

Tipp

Legen Sie vor dem Zusammenkleben der Gespenster diese zuerst übereinander und prüfen so, ob die Form noch zu erkennen ist. Je nach Papier ist das möglich, dann sollten Sie noch ein weiteres Gespenst dazwischenkleben. Denn sie sollte mit dem bloßen Auge nicht zu erkennen sein.

Einführung: Selbstständig spielen und entdecken

Zeigen Sie den Kindern die Gespenster, die traurig sind, weil sie sich verflogen haben und nicht mehr wissen, welche ihre Burg ist. Wo könnte es einen Hinweis darauf geben? Die Kinder werden zuerst nach Ideen suchen, welches Gespenst in welche Burg gehört. Geben Sie ihnen den Tipp, die Taschenlampe von hinten an die Gespenster zu halten. Jetzt wird eine Form sichtbar, die sich auch auf den Fähnchen wiederfindet. So kann jedes Gespenst nach Hause in die richtige Burg fliegen.

13 Bonbonmonster

Diese kleinen, bunten Monster sind an Halloween auf der Suche nach passenden Bonbons. Ob die Kinder sie füttern können? Jedes Monster möchte nur Bonbons in seiner eigenen Farbe verputzen.

Alter ab 2 Jahren

Ziele visuelle Wahrnehmung, Auge-Hand-Koordination, logisches Zuordnen, Feinmotorik, Farbenlehre

Material Kopiervorlage „Monster", roter, grüner und blauer Tonkarton, Schere, schwarzer Filzstift, Papier in Weiß und nach Wunsch, Kleber, jeweils fünf Pompons in Rot, Grün, Blau

Herstellung

Übertragen Sie die Vorlage „Monster" jeweils auf grünen, roten und blauen Tonkarton und schneiden Sie sie aus. Gestalten Sie die Monster noch ein wenig aus, sodass die Augen und Ohren gut zu erkennen sind. Dazu können Sie weißes Papier und einen schwarzen Filzstift verwenden. Für die Sammelbecher schneiden Sie aus jeder Farbe Tonkarton ein Rechteck in der Größe 20 × 8 cm zu. Das Rechteck nun zu einer Rolle formen und zusammenkleben. Kleben Sie die Monster an die farblich passende Rolle und schneiden Sie am Monster und gleichzeitig an der Rolle die Münder aus. Die Monster können nun stehen. Die Pompons geben Sie in eine gefaltete Schachtel.

Einführung: Selbstständig spielen und entdecken

Betrachten Sie mit den Kindern die Lernschublade und ihren Inhalt. Wer verbirgt sich darin? Es sind kleine Monster, die so gerne Bonbons essen. Doch jedes Monster möchte nicht irgendeine Farbe, sondern Bonbons farblich passend zu seinem Aussehen. Die Kinder können nun mit den Pompons aus der Schachtel farblich passend die Monster füttern. Wiederholen Sie gemeinsam mit den Kindern die Farbennamen. Dann können sich die Kinder ans Füttern machen.

14 Die Gespenster sind los

Können die Kinder den Gespenstern aus dieser Schublade dabei helfen, einen Freund zum Spielen zu finden? Sie müssen dazu nur die zwei gleichen Gespenster zu Paaren ordnen.

Alter ab 3 Jahren

Ziele Vergleichen, Zuordnen, Konzentration, Feinmotorik

Material Kopiervorlage „Gespenster", blauer Tonkarton, Schere, Kleber, Tonkarton (Unterlage)

Herstellung

Kopieren Sie die Vorlage zweimal und schneiden Sie die Gespenster aus. Aus dem blauen Tonkarton schneiden Sie 20 Kärtchen etwa in der Größe 8 bis 12 cm zu. Darauf kleben Sie die Gespenster. Außerdem können Sie noch frei eine Burg zur Dekoration aus Papier herstellen.

Einführung: Selbstständig spielen und entdecken

Betrachten Sie gemeinsam mit den Kindern die Gespenster. Können die Kinder von sich aus etwas entdecken? Jedes Gespenst möchte einen Freund zum Spielen. Die Kinder ordnen die Gespenster einander zu. Dazu müssen sie schon sehr genau hinschauen.

15 Gänsestall

Wer die Geschichte von Sankt Martin kennt, weiß, dass er kein Bischof sein wollte und sich deshalb in einem Gänsestall versteckte. Bei dieser Idee müssen die Kinder die richtige Anzahl von Gänsen in den Stall legen.

Alter ab 4 Jahren

Ziele Mengen erfassen, Zahlen erkennen, Zählen, Merkfähigkeit, Konzentration

Material Kopiervorlage „Gänsestall" und „Gans", weißes Papier, Farbstifte, schwarzer Filzstift, evtl. weiße Klebepunkte, Schere, Kleber, Tonkarton (Unterlage)

Herstellung

Kopieren Sie den Gänsestall fünfmal und die Gans 15-mal. Die Kinder malen die Ställe an. Den Gänsen malen sie jeweils Schnabel und Füße an. Schreiben Sie die Zahlen 1 bis 5 auf Papier oder drucken Sie sie aus. Schneiden Sie die Zahlen kreisrund zu (oder beschriften vorgefertigte Klebepunkte), danach die Gänse einzeln und die Ställe ausschneiden.

Einführung: Selbstständig spielen und entdecken

Betrachten Sie gemeinsam den Stall und rufen den Kindern die Martinsgeschichte in Erinnerung. Wer lebte in diesem Stall? Es waren die Gänse. Doch wie viele Gänse waren es? Verteilen Sie die Zahlen an den Ställen. Erkennen die Kinder die Zahlen? Können sie mitzählen? Legen Sie nun die Gänse dazu. Finden die Kinder schon selbst die Aufgabe in dieser Lernschublade heraus? Hier können sie immer so viele Gänse in jeden Stall legen, wie die Ziffer daneben angibt.
Bei dieser Aufgabe können sich die Kinder selbst überprüfen: Wenn eine Gans übrig bleibt oder fehlt, haben sie nicht richtig gezählt.

Tipp

Sie können die Zahlen auch direkt in die Kästchen schreiben. Doch wenn die Kinder die Zahlen immer wieder neu den Ställen zuordnen können, bleibt das Spiel interessanter.

16 Sonne, Mond und Sterne

Das Rätsel in dieser Lernschublade verbindet gleich zwei Aufgaben und Fähigkeiten miteinander. Zuerst müssen die Kinder die zwei gleichen Motive herausfinden, dann müssen sie mit einem Gummi miteinander verbunden werden. Hier treffen sich visuelle Wahrnehmung und Feinmotorik.

Alter ab 4 Jahren

Ziele visuelle Wahrnehmung, Auge-Hand-Koordination, logisches Zuordnen, Feinmotorik

Material Kopiervorlage „Sonne, Mond und Stern", Filzstifte, Schere, Kleber, acht große und vier kleine Flaschendeckel, blauer Tonkarton, Haushaltsgummis, Heißkleber

Herstellung

Kopieren Sie die Vorlage mindestens zweimal. Bemalen Sie mit den Kindern die Sonne, den Mond und die Sterne. Achten Sie darauf, dass immer zwei Bilder gleich bemalt werden. Schneiden Sie diese aus und kleben Sie sie auf die Flaschendeckel.
Schneiden Sie dann die Unterlage aus dem blauen Tonkarton zu. Auf dieser Unterlage ordnen Sie die Flaschendeckel an. Dabei sollten die beiden gleichen Deckel nebeneinander angebracht werden. Achten Sie auch auf den Abstand zwischen den Deckeln, die verbunden werden sollen: Dieser hängt von der Größe der Haushaltsgummis ab. Kleben Sie die Flaschendeckel mit Heißkleber fest. Die Gummis geben Sie in eine gefaltete Schachtel.

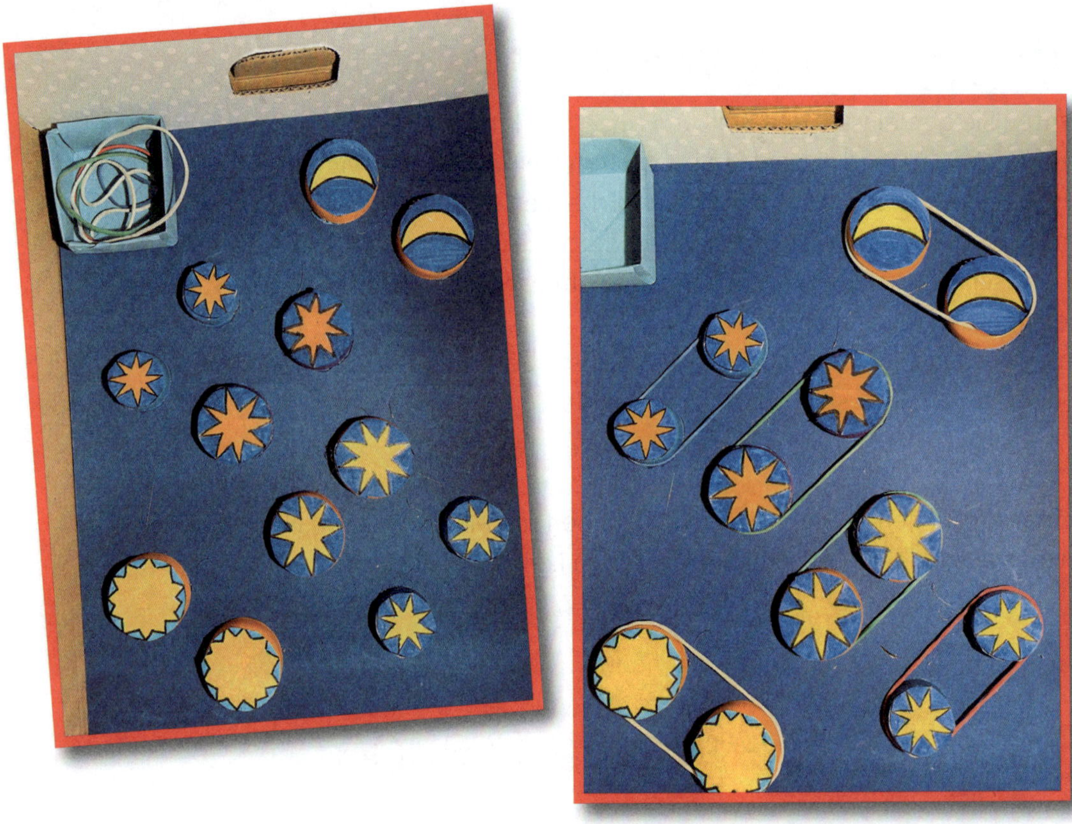

Tipp

Haben Sie ausreichend Platz auf der Vorlage, können Sie auch mehr Flaschendeckel aufkleben.

Einführung: Selbstständig spielen und entdecken

Wenn Sie die Schublade mit den Kindern gemeinsam anschauen, werden diese die Himmelskörper Sonne, Mond und Sterne erkennen. Fragen Sie die Kinder, ob ihnen etwas auffällt, nämlich dass es immer zwei gleiche Bilder sind. Diese werden mit den Haushaltsgummis verbunden. Dies erfordert am Anfang ein wenig Geschick von den Kindern.

17 Ich geh mit meiner Laterne

In dieser Schublade müssen die Kinder den Martinskindern helfen, die gern mit ihrer Laterne laufen möchten. Können sie jedem Kind die richtige Laterne zuordnen?

Alter ab 3 Jahren

Ziele genaue Beobachtung, Konzentration, Formen erkennen, Zuordnen, Feinmotorik

Material Kopiervorlage „Ich geh mit meiner Laterne", Farbstifte, Schere, Kleber, Zahnstocher oder Stab, Papier, Filzstift, Unterlage

Herstellung

Kopieren Sie das Laternenkind siebenmal und die dazugehörigen Formen einmal. Malen Sie mit den Kindern gemeinsam die Männchen und die Laternen an. Schneiden Sie alles aus und versehen die Formen mit einem Stab aus Papier oder einem Zahnstocher. Malen Sie auf den „Pullover" jedes Kindes eine Form, die bei den Laternen zu finden ist.

Einführung: Selbstständig spielen und entdecken

Alle Kinder möchten einen Laternenumzug machen, doch es fehlt ihnen die Laterne. Ordnen Sie mit den Kindern die Laternen dem richtigen Kind zu. Benennen Sie dabei die Formen und besprechen Sie, wenn möglich, ihre besonderen Eigenschaften. So hat ein Kreis gar keine Ecken, ein Quadrat oder Rechteck aber vier.

Tipp

Die Laternenschublade kann noch durch mehr Formen, aber auch durch verschiedene Größen der Formen erweitert werden.

Kapitel 4

Winter, Nikolaus, Weihnachten und Fasching

Die Winter- und Weihnachtszeit ist eine gemütliche Zeit mit Kerzenschein und mit Festen, die die Winterzeit zuerst begrüßen und verkürzen sollen, und später, um den Winter mit Lärm und Krach wieder zu vertreiben. Nicht zu vergessen das Thema des Schenkens, das durch das Nikolausfest vertreten ist. In diesem Kapitel warten Lernschubladenideen zu Nikolaus, Weihnachten und Fasching auf die Kinder.

18 Der Bischof Nikolaus

Der Bischof Nikolaus lebte vor langer Zeit. Weil er die Menschen damals reich beschenkt und viele gute Taten vollbracht hat, denken wir heute noch an ihn. Aber wie genau sieht er eigentlich aus und welche Bestandteile hat seine typische Tracht? Das finden die Kinder in dieser Schublade selbst heraus, indem sie dem Nikolaus beim Ankleiden helfen.

Alter ab 2 Jahren

Ziele Bekleidung kennenlernen, Reihenfolgen erfassen, Merkfähigkeit, Feinmotorik

Material Kopiervorlage „Nikolaus“, roter, schwarzer, weißer, blauer, brauner, goldener Tonkarton, Farbstifte, schwarzer Filzstift, Schere, Kleber, Goldfolie oder goldener Permanentmarker

Herstellung

Kopieren Sie die Vorlage „Nikolaus“ und schneiden Sie die Figur aus. Kleben Sie diese auf einen blauen Tonkarton und bemalen Sie die Unterwäsche. Die Vorlage für die Kleidung übertragen Sie auf den passenden Tonkarton (den Mantel und die Mütze rot, das Unterkleid, Bart und Handschuhe weiß, die Stiefel schwarz, den Stab golden). Schneiden Sie die Einzelteile aus und gestalten beziehungsweise verschönern die Kleidung noch mit Goldfolie oder einem goldenen Permanentmarker und einem schwarzen Stift. Den Sack können Sie einfach aus braunem Tonkarton ausschneiden.

Einführung: Selbstständig spielen und entdecken

Kennen die Kinder eine der Geschichten vom Nikolaus (zum Beispiel diejenige vom Kornwunder oder die mit den Goldmünzen)? Wenn nicht, können Sie ihnen eine dieser Legenden vorab erzählen oder vorlesen. Danach betrachten Sie mit den Kindern die „Anziehpuppe“ und ihre Kleidung. Dieser Mann soll als Bischof Nikolaus eingekleidet werden. Legen Sie gemeinsam mit den Kindern die Kleidungsstücke auf die Figur. Die Kinder lernen dabei, die Reihenfolge zu beachten. Denn vor dem Mantel zieht man zum Beispiel erst das Unterkleid an.

19 Den Nikolaussack befüllen

Ach je, manchmal ist sogar der Nikolaus vergesslich. In dieser Schublade müssen die Kinder ihm helfen herauszufinden, was er vergessen hat. Hier ist genaues Hinsehen gefragt.

Alter ab 3 Jahren

Ziele Konzentration, Aufmerksamkeit, Merkfähigkeit

Material Kopiervorlage „Nikolaussack", Farbstifte, Schere, buntes Papier, Kleber

Herstellung

Kopieren Sie die Vorlage und malen Sie sie bunt an. Dabei können die Kinder aktiv mitwirken. Achten Sie nur darauf, dass alle „Säcke" in den gleichen Farben bemalt werden. Das gilt auch für die Kärtchen mit den Gegenständen. Schneiden Sie alle Nikolaussäcke und Kärtchen aus. In nur einem Sack sind alle Gegenstände vorhanden, diesen kleben Sie zum besseren Wiedererkennen auf buntes Papier.

Einführung: Selbstständig spielen und entdecken

Die Kinder lernen mit Ihnen die Lernschublade kennen: Betrachten Sie mit ihnen zuerst das Kärtchen mit dem Sack, in dem alle Gegenstände vorhanden sind. Benennen Sie die einzelnen Gegenstände. Der Nikolaus möchte in seinem Sack immer die gleichen Sachen haben, doch leider hat er in jedem Sack etwas vergessen. Die Kinder suchen für jeden Sack das fehlende Kärtchen und ordnen es ihm zu. Dabei können sich die Kinder immer an der Vorlagenkarte orientieren.

20 Der Nikolaus teilt Geschenke aus

In vielen Liedern wird besungen, dass der Nikolaus von Haus zu Haus geht und seine Geschenke austeilt. Genau das passiert in dieser Lernschublade. Können die Kinder ihm dabei helfen, die Geschenke richtig zu verteilen? Dazu ist ein bisschen Zahlenwissen wichtig.

Alter ab 4 Jahren

Ziele Wissen über Zahlen und Mengen, Zählen üben, Konzentration, Ausdauer

Material rotes, weißes und braunes Papier, schwarzer Filzstift, Farbstifte, Fotokarton in Blau, Schere, Kleber, Bleistift, Lineal, zehn quadratische Perlen

Herstellung

Gestalten Sie zuerst zehn Häuser. Für jedes Haus malen Sie mit Bleistift auf weißes Papier ein Rechteck (2,5 × 5 cm) und passend dazu ein dreieckiges Hausdach aus rotem Papier. Malen Sie mit dem schwarzen Filzstift auf jedes Haus ein bis zehn Fenster. Beim bunten Anmalen der Häuser können die Kinder mithelfen. Kleben Sie die fertigen Häuschen auf den blauen Fotokarton, fünf auf einer Seite und fünf gegenüberliegend. In der Mitte ist die Straße, auf die Sie einen Nikolaus kleben können. Schreiben Sie auf die Perlen die Zahlen 1 bis 10.
Falten Sie eine Schachtel aus braunem Papier. Dort hinein legen Sie die Perlen.
Vor den Häusern sollten Sie dann noch einen kleinen „Behälter“ für die Perlen aufkleben. Das kann eine gefaltete Schachtel aus Papier in der Größe 10 x 10 cm sein oder auch ganz einfach ein Flaschendeckel.

Einführung: Selbstständig spielen und entdecken

Betrachten Sie mit den Kindern die Lernschublade. Vielleicht haben die Kinder von sich aus eine Idee, welche Aufgabe diese für sie bereithält. Wenn nicht, erklären Sie, dass der Nikolaus von Haus zu Haus geht und seine Geschenke verteilt. Doch nicht irgendwie, er möchte vor jedem Haus die richtigen Geschenke ablegen. Nehmen Sie eine Perle aus der Schachtel. Erkennen die Kinder die Zahl? Fragen Sie sie, wo der Nikolaus dieses Geschenk ablegen könnte. Nun können die Kinder überlegen. Kommen sie auf die Anzahl der Fenster? Wenn nicht, helfen Sie ihnen und suchen gemeinsam das Haus mit der passenden Anzahl von Fenstern für dieses Geschenk. Mit allen weiteren „Geschenken“ wird genauso verfahren, bis der Nikolaus alle Präsente verteilt hat.

21 Den Weihnachtsbaum mit Kugeln schmücken

Den Weihnachtsbaum zu schmücken ist jedes Jahr sicher auch für Ihre Kinder eine große Freude. Bei dieser Lernschublade geht es darum, einen Weihnachtsbaum mit den richtigen Farben und Formen zu schmücken.

Alter ab 2 Jahren

Ziele Farbenlehre, Konzentration, Merkfähigkeit, Feinmotorik

Material Kopiervorlage „Aufgabenkärtchen“, grüner Tonkarton, weißes Papier, Schere, Kleber, Tonkarton in verschiedenen Farben, Farbstifte, Tonkarton (Unterlage)

Herstellung

Kopieren Sie die Vorlage mindestens dreimal. Aus dem grünen Tonkarton gestalten Sie einen Tannenbaum. Dieser sollte mindesten 30 cm hoch sein. Aus weißem Papier schneiden Sie sechs Kreise mit einem Durchmesser von ca. 5 cm aus. Diese Kreise ordnen Sie auf dem Tannenbaum wie auf der kleinen Kopiervorlage an und kleben sie fest. Das sind die Weihnachtskugeln, die Sie noch mit einem Anhänger versehen. Aus buntem Tonkarton schneiden Sie im gleichen Durchmesser Kreise aus (zum Beispiel zwei rote, zwei blaue, zwei gelbe Kugeln usw.). Es sollten drei bis fünf Farben sein, also sechs bis zehn Kugeln.

Einführung: Selbstständig spielen und entdecken

Erarbeiten Sie zunächst die Vorlagen mit den Kindern gemeinsam. Die Kinder bestücken den Weihnachtsbaum mit den bunten Kreisen und übertragen dieses Farbmuster mit Farbstiften auf ein Aufgabenkärtchen. Dann wieder neu die Kugeln am Baum mischen und eine neue Vorlage genauso bemalen. Diesen Vorgang können Sie sooft wiederholen, wie Sie Vorlagen gestalten wollen.

Beim selbstständigen Spielen nehmen sich die Kinder ein Aufgabenkärtchen und schmücken den Weihnachtsbaum entsprechend der Vorlage.

Alternative

Wenn Sie die Fantasie und Kreativität der Kinder ansprechen möchten, können die Kinder den Baum auch einfach frei nach ihren eigenen Ideen schmücken. Häufig machen sie das schon ganz von alleine.

22 Lichter am Weihnachtsbaum

Was wäre ein Weihnachtsbaum ohne Lichter? Dann wäre er sicher ziemlich kahl. Die Kinder bestücken in dieser Schublade die Weihnachtsbäume mit ganz besonderen Lichtern aus Wattestäbchen. Aber Achtung: Auf die Anzahl der Lichtchen kommt es dabei an!

Alter ab 3 Jahren

Ziele Wissen über Zahlen und Mengen, Feinmotorik, Auge-Hand-Koordination, Konzentration, Aufmerksamkeit

Material Gelbe Fingerfarbe, Schälchen, acht Wattestäbchen, Styroporplatte, Schere, Kleber, grünes und blaues Papier, breiter Klebefilm

Herstellung

Geben Sie die gelbe Fingerfarbe in ein Schälchen und färben die Wattestäbchen an beiden Enden damit ein. Legen Sie diese zum Trocknen aus. Schneiden Sie dann aus der Styroporplatte fünf Rechtecke in einer Größe von ca. 12 × 16 cm. Diese bekleben Sie mit dem blauen Papier. Gestalten Sie nun fünf Tannenbäume aus grünem Papier. Diese auf das blau ummantelte Styropor kleben. Unter jeden Baum kommt jetzt eine Zahl zwischen 1 und 5. Jede der beklebten Styroporplatten ganz mit dem breiten Klebefilm bekleben. Dann mit einem spitzen Gegenstand in die Bäume Löcher stechen, von einem Loch bis zu fünf Löchern, je nach Zahl. Die getrockneten Wattestäbchen auf 2 cm kürzen. Falten Sie eine Schachtel und geben Sie die „Lichter“ dort hinein.

Hinweis

Der Klebefilm ist nicht zwingend notwendig, doch durch die Beanspruchung beim Spielen bröselt das Styropor schnell. Mit Klebefilm geschieht das nicht so schnell und das Spiel bleibt haltbarer.

Einführung: Selbstständig spielen und entdecken

Fragen Sie die Kinder, was es braucht, damit aus dem Tannenbaum ein Weihnachtsbaum wird? Es braucht die Beleuchtung, die nun anhand der Wattestäbchen an die Tannenbäume gesteckt wird. Doch das geschieht nicht einfach so, sondern eine Zahl gibt vor, wie viele Lichter an einen Baum kommen. Die Kinder stecken die Wattestäbchen nun in die vorgebohrten Löcher.

Alternative

Für ältere Kinder: Wenn Sie den Schwierigkeitsgrad etwas erhöhen möchten, stechen Sie bei jedem Baum gleich viele Löcher für die Lichter, sodass die Kinder überlegen müssen, wie viele Lichter sie jeweils einstecken sollen.

23 Geschenke unter dem Weihnachtsbaum

Geschenke spielen die Hauptrolle in dieser Lernschublade. Die Geschenke liegen unter dem Weihnachtsbaum, doch die Anzahl ist immer unterschiedlich. Um den Weihnachtsbäumen die richtige Wäscheklammer zuzuordnen, sollten die Kinder schon etwas Grundwissen über Zahlen, Mengen und Ziffern mitbringen.

Alter ab 5 Jahren

Ziele Mengen erkennen, Zahlen kennenlernen, Zählen, Feinmotorik

Material Kopiervorlage „Geschenke unter dem Weihnachtsbaum", Schere, Farbstifte, Kleber, roter Tonkarton, Filzstifte, zwölf Holz-Wäscheklammern, Tonkarton (Unterlage), grünes Papier

Herstellung

Kopieren Sie die Vorlage und schneiden die einzelnen Kärtchen aus. Dann können die Kinder die Vorlagen bunt anmalen. Dabei sollten Sie darauf achten, dass die Geschenke noch gut zu erkennen sind. Den roten Tonkarton schneiden Sie zu Karten, deutlich größer als die Vorlage, und kleben die bemalten Vorlagen darauf.

Auf die Wäscheklammern schreiben Sie jeweils eine Zahl von 1 bis 12. Damit sich die Kinder selber überprüfen können, malen Sie auf der anderen Seite der Wäscheklammer einen farbigen Punkt. Diese farbigen Punkte bringen Sie auch auf den entsprechenden Kartenrückseiten an. Wenn Sie also auf die Wäscheklammer mit der Zahl 5 einen roten Punkt malen, sollte dieser auf der Rückseite der Karte mit den fünf Geschenken aufgeklebt oder aufgemalt sein. Für die Wäscheklammern falten Sie eine Schachtel aus grünem Papier.

Einführung: Selbstständig spielen und entdecken

Erkennen die Kinder, was auf den Karten zu sehen ist? Ein Weihnachtsbaum mit Geschenken! Bemerken sie auch die unterschiedliche Anzahl der Geschenke? Jetzt kommen die Wäscheklammern ins Spiel: Sprechen Sie die einzelnen Zahlen durch, die Kinder können sie auch mal mit den Fingern zeigen. Können die Kinder nun jede Wäscheklammer an die richtige Karte heften? Die Zahl auf der Klammer sollte genau der Anzahl der Geschenke entsprechen. Wenn die Kinder die Wäscheklammer und Karte umdrehen, können sie am farbigen Punkt erkennen, ob sie richtig gezählt haben.

24 Kasperle und Clown

Bei diesem Puzzle setzen die Kinder zwei Faschingsmotive, einen Clown und ein Kasperle, zusammen. Bei den beiden kleinen Puzzles lernen die Kinder ein ungewohntes Spielmaterial kennen: Hier kommen Mundspatel als Puzzleteile zum Einsatz.

Alter ab 2 Jahren

Ziele visuelle Wahrnehmung, Auge-Hand-Koordination, Feinmotorik

Material Kopiervorlage „Kasperle und Clown", Filzstifte, Farbstifte, Schere, zwölf Mundspatel (1 cm breit), Klebestreifen, Kleber, Cuttermesser (Erzieherhände)

Herstellung

Kopieren Sie zuerst die Vorlagen und bemalen Sie die Gesichter zusammen mit den Kindern. Schneiden Sie die Gesichter aus. Bemalen Sie dann für jedes Gesicht sechs Mundspatel jeweils in der gleichen Farbe. Damit die Mundspatel beim anschließenden Aufkleben von Kasperle und Clown nicht verrutschen, kleben Sie die sechs gleichfarbigen Spatel vorübergehend mit Klebestreifen auf der Rückseite passgenau aneinander. Jetzt können Sie die Bilder auf die Spatel aufkleben. Ist der Kleber trocken, drehen Sie die Bilder um und schneiden mit dem Cuttermesser die Bilder auseinander. Es ist dabei nicht unbedingt nötig, den Klebestreifen abzuziehen.

Einführung: Selbstständig spielen und entdecken

Schauen Sie sich gemeinsam mit den Kindern die einzelnen Spatel an. Können die Kinder erkennen, dass man diese zu einem Bild zusammensetzen kann? Wenn ja, finden sie dann die passenden Teile? Die Kinder setzen nun die Puzzles zusammen. Besprechen Sie anschließend, wer auf den fertig zusammengesetzten Bildern zu erkennen ist, es sind ein Clown und ein Kasperle.

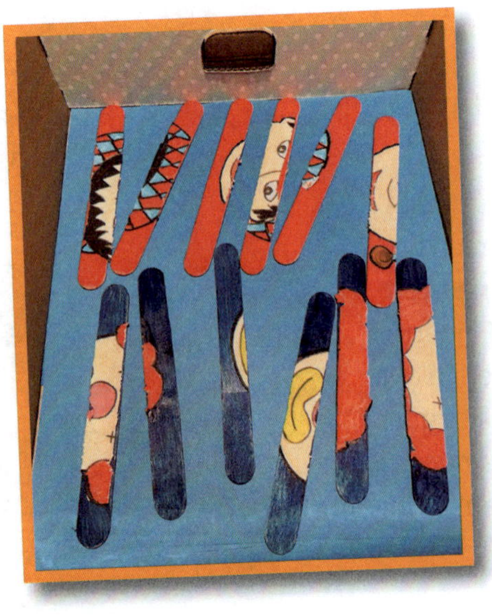

25 Die kleinen Hexen

Hilfe, Hilfe! Die Hexen in dieser Schublade suchen ihre Hexenkessel und Besen. Ob die Kinder ihnen helfen können?

Alter ab 3 Jahren

Ziele Farbenlehre, visuelle Wahrnehmung, logisches Zuordnen

Material Kopiervorlage „Hexe, Besen, Kessel", Schere, Farbstifte, sechs (Holz-) Rührlöffel oder Holzspieße, Klebestreifen, Kleber

Herstellung

Kopieren Sie die Kopiervorlage „Hexe, Besen, Kessel" sechsmal und schneiden Sie die Elemente einzeln aus. Jedes Hexenkleid und der dazugehörige Hut werden in derselben Farbe bemalt. Die sechs unterschiedlichen Hexen können dann noch weiter ausgestaltet werden. Die Farbe der jeweiligen Hexen wiederholt sich am Kesselrand und am Band des Besens. Die Kinder können beim Ausschneiden, der Auswahl der Farben sowie beim Bemalen mithelfen. Die Besen(enden) kleben Sie dann an die Rührlöffel/Holzspieße. Wenn Sie mögen, können Sie noch frei nach Geschmack ein Hexenhäuschen zur Dekoration herstellen.

Einführung: Selbstständig spielen und entdecken

Die Kinder schauen in die Schublade und werden die Hexen sofort erkennen. Anhand der Körperhaltung der Hexen wird ihnen auffallen, dass diese Hexen auf einem Besen sitzen müssten. Erzählen Sie den Kindern die Hintergrundgeschichte zu dieser Schublade: Alle Hexen wollen zum Hexenfest. Doch jede Hexe möchte mit ihrem eigenen Besen dorthin fliegen. Daher werden nun die Besen an die Hexen verteilt und auch die Hexenkessel zugeordnet. Jetzt kann jede Hexe zum Hexenfest fliegen und dort einen Zaubertrank zubereiten.

Eier

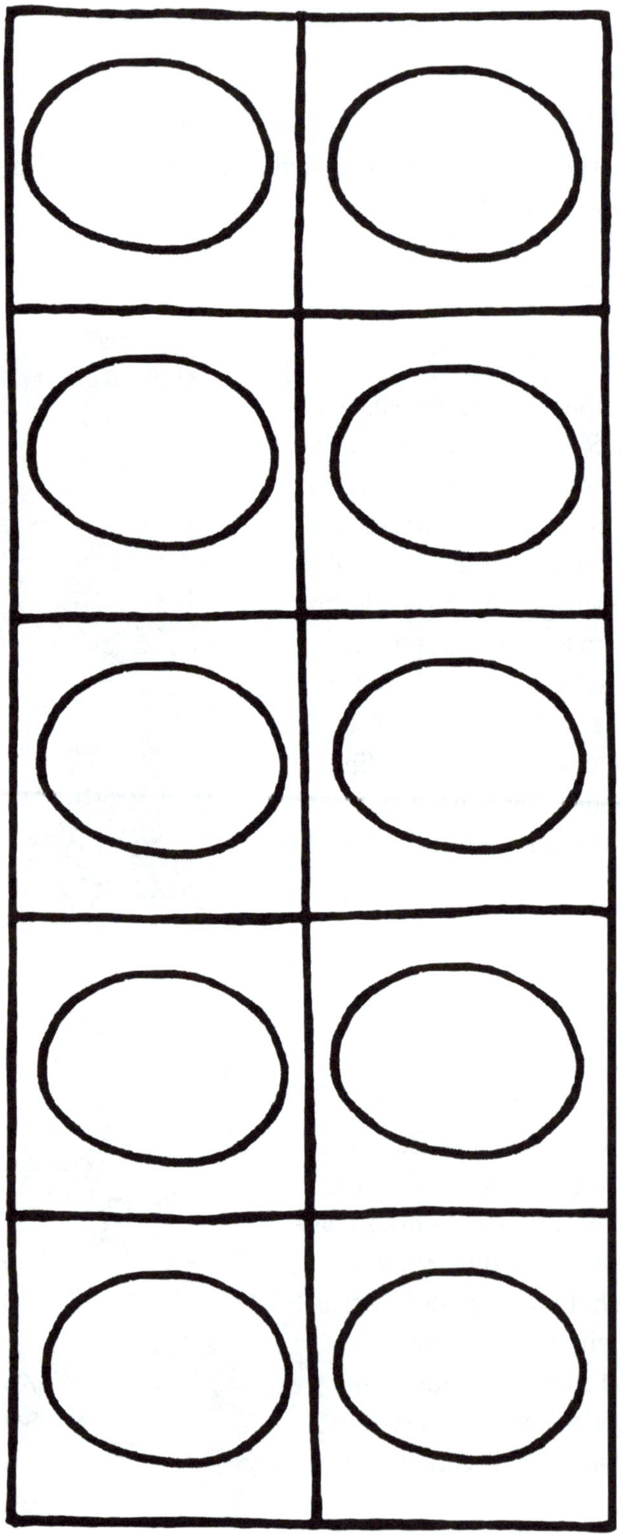

Hasenfreunde

Huhn

Muffin und Kerze

Geburtstagsparty

Aufgabenschild zur Geburtstagsparty

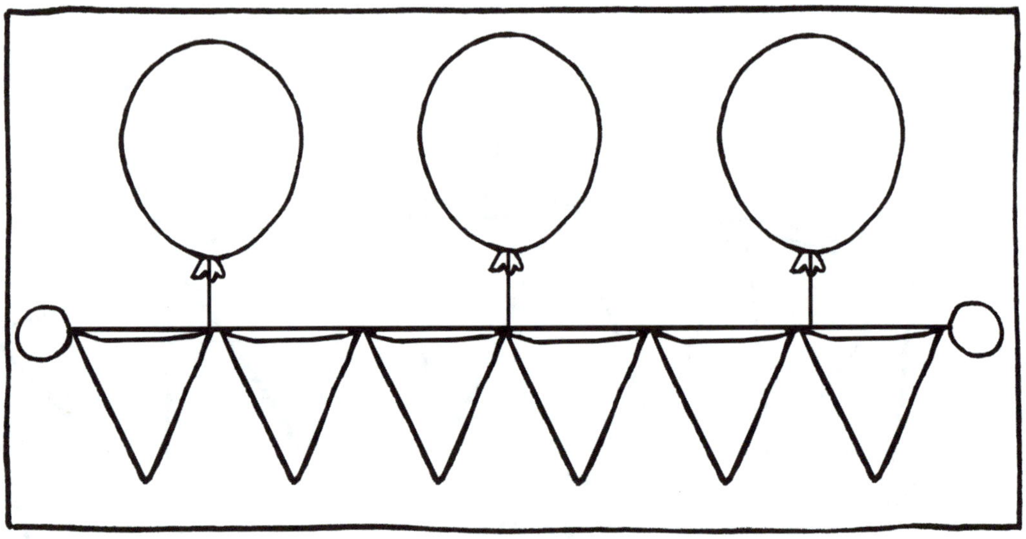

Sitzordnung

Stühle

10 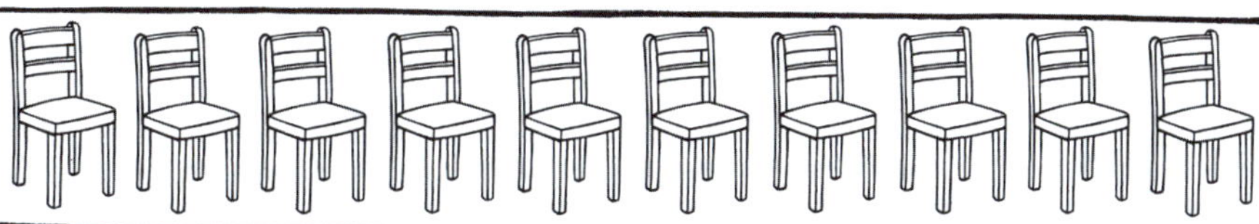

9 

8 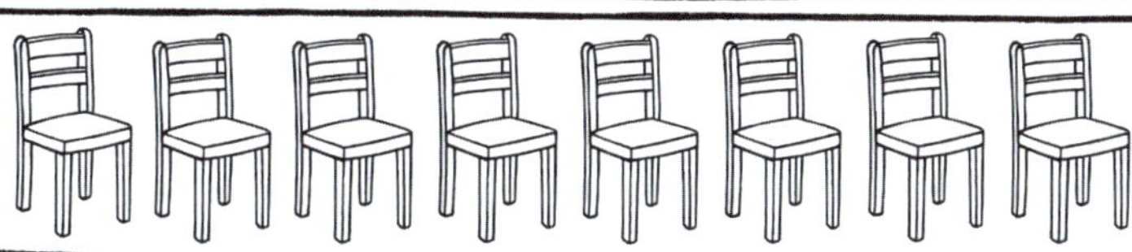

7 

6 

5 

4 

3 

2 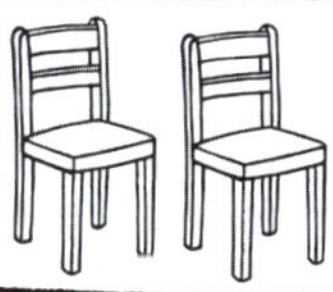

1 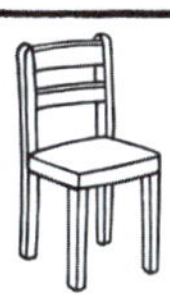

Gäste

Erntedankkorb

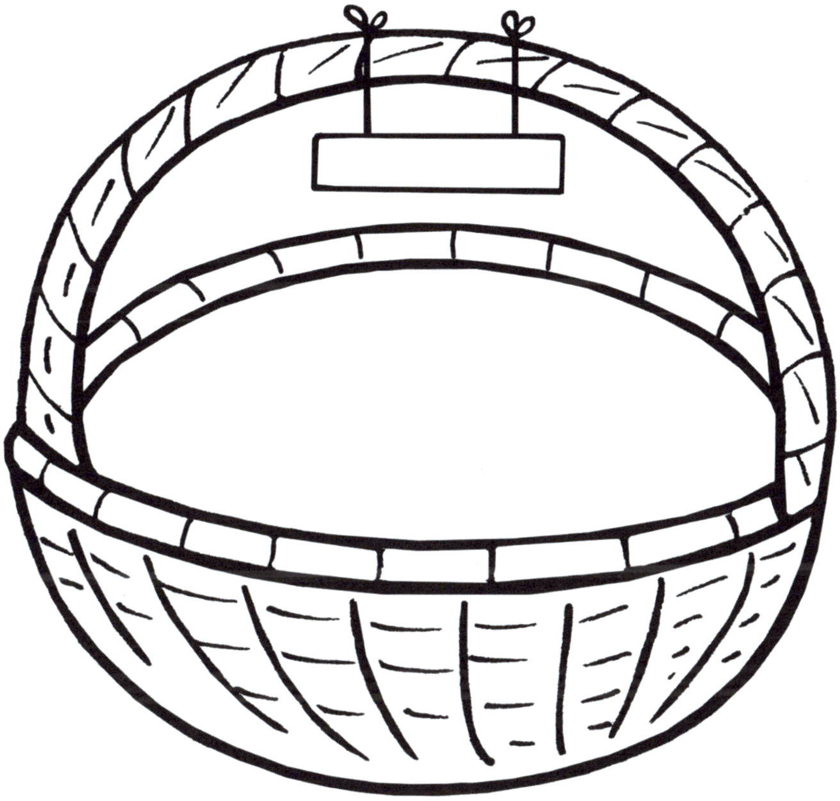

Sommerfest

Sommerfest

SOMMER
PARTY
SOMMER
PARTY
SOMMER
SOMMER
PARTY
SOMMER
PARTY
SOMME
PARTY
OMMER
PARTY
SOMMER
PARTY

Äpfel und Birnen

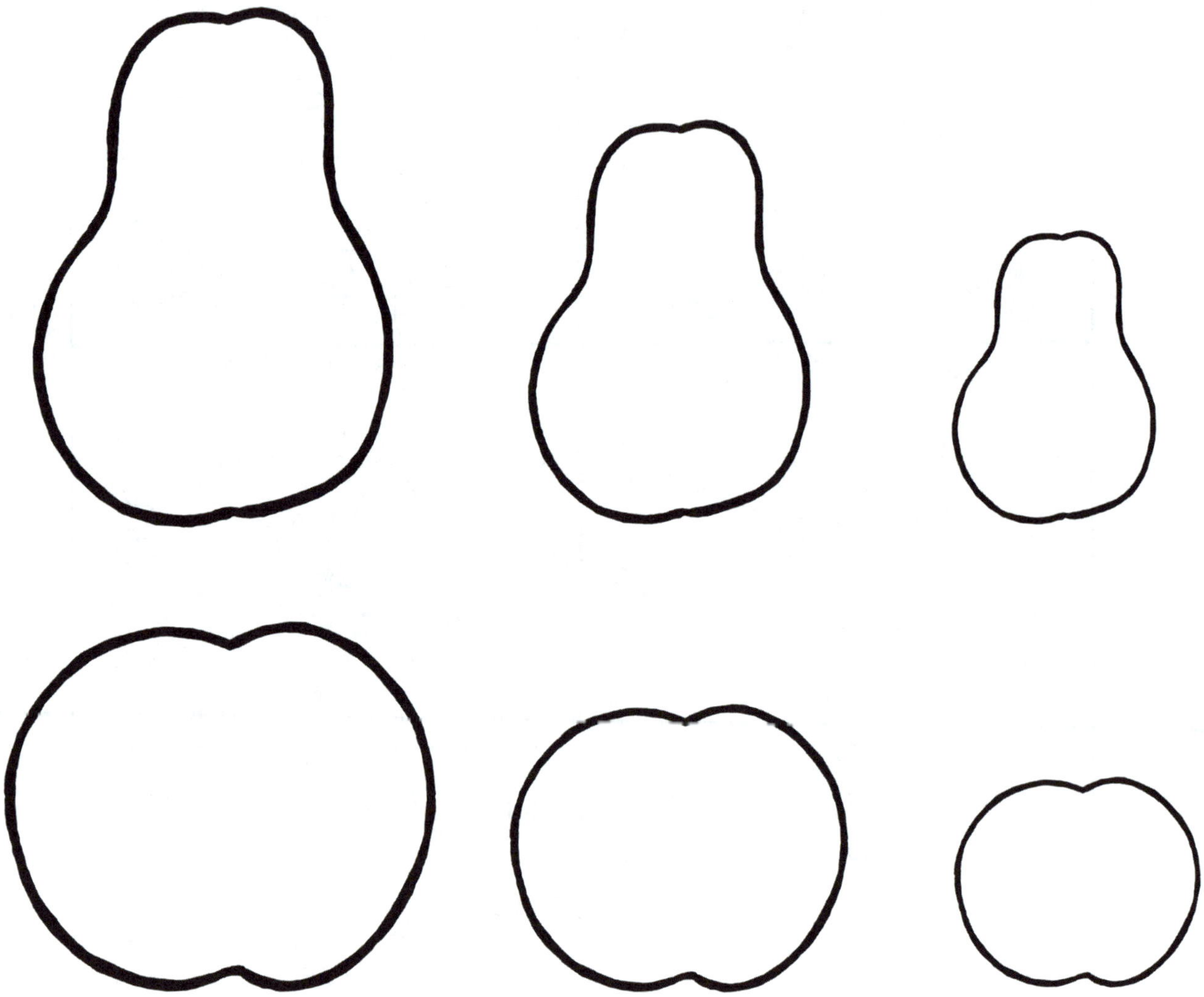

Gespenst

Monster

Gespenster

Gänsestall

Gans

Sonne, Mond und Stern

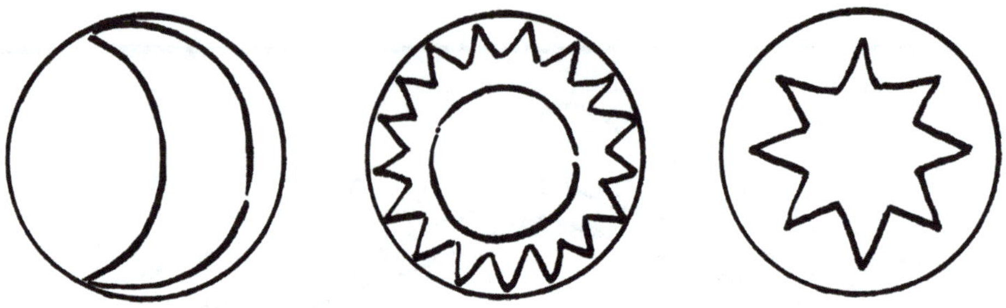

Ich geh mit meiner Laterne

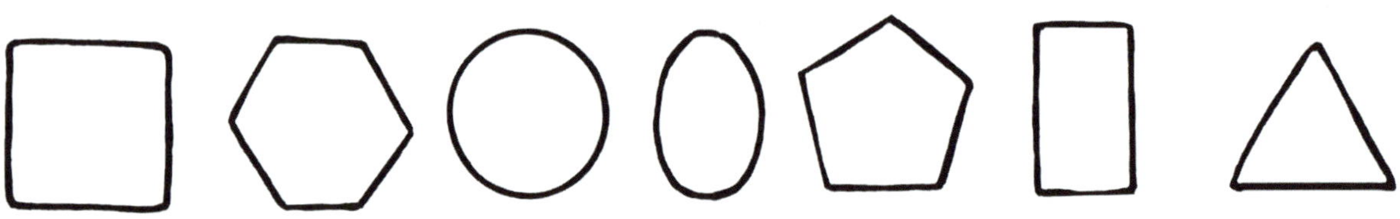

Geschenke unter dem Weihnachtsbaum

Nikolaus

Nikolaus

Nikolaussack

Nikolaussack

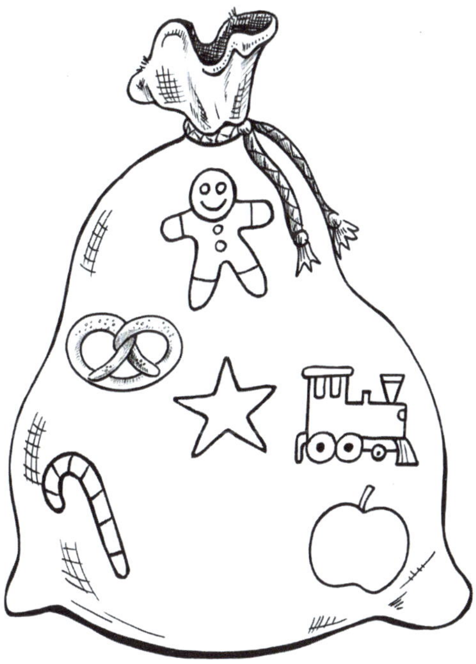

Kasperle und Clown

Hexe, Besen, Kessel

Aufgabenkärtchen

Bibliografische Information der Deutschen Bibliothek
Die Deutsche Bibliothek verzeichnet diese Publikation in der Deutschen Nationalbibliografie; detaillierte bibliografische Daten sind im Internet über http://dnb.ddb.de abrufbar.

1. Auflage 2024

Texte: Anja Mohr
Fotos: Anja Mohr mit Ausnahme von
S. 1 © JenkoAtaman – Adobe Stock, S. 4 © Gabi D – Adobe Stock, S. 5 © Birute – Adobe Stock, S. 10 © Africa Studio – Adobe Stock, S. 18 links © mmphoto – Adobe Stock, S. 18 rechts © Halfpoint – Adobe Stock, S. 24 links © Johanna Mühlbauer – Adobe Stock, S. 24 rechts © famveldman – Adobe Stock, S. 32 links © Natalia – Adobe Stock, S. 32 rechts © ChristArt – Adobe Stock
Kopiervorlagen: Rebecca Meyer
Druck und Bindung: Grafisches Centrum Cuno, Calbe

ISBN 978-3-7806-5202-7